El Milagro DE HOY!

Antiguo Testamento y Milagros Inspiracionales

Escrito por:
Larry S. Glover

Publicado por:
Childlike Faith Children's Books

Ilustrado por:
Neel Solanki

Este libro está dedicado a todos los niños y niñas
que creen en los milagros, los milagros de hoy.

Publicado por Childlike Faith Children's Books
2012 Wages Way
Jacksonville, FL 32218
Childlikefaithchildrensbooks.com

Autor: Larry S. Glover
Ilustrador: Neel Solanki
Productor: ABC Book Publishers, Inc.
Diseñador Gráfico: Jeanine Quinn
Editor: Kimberly Benton

Print ISBN: 978-1-7348268-0-7
Ebook ISBN: 978-1-7355149-9-4
Library of Congress Control Number: 2020935650

Imprimido en Estados Unidos de América

10 9 8 7 6 5 4 3 2 1

¿Quieres ver un milagro?
Sólo tienes que rezar y decir
"Querido Dios, enséñame un milagro"
Y él te enseñará...

¡El Milagro De Hoy!

La palabra "milagro" viene de Dios y para él, no son difíciles.

Génesis 1:1 El primer milagro fué en el principio.

El Gran Cañon fué encontrado en 1200 A.C.
¡Como veis, hace mucho tiempo! Mucho más viejo que tú y yo.

¡Este es El Milagro De Hoy!

Dios dijo, "QUE SE HAGA LA LUZ" y ahora podemos ver.
Este fué un milagro de Dios, para tí y para mí.

Génesis 1:2 El milagro de la luz.

Cuando me levanto, me levanto, y veo un día nuevo.
Le agradezco a Dios por hacerlo realidad y por dejarme ser yo.

¡Este es El Milagro De Hoy!

El milagro de la creación es cuando todas las cosas nacieron.
Por eso Dios se tomó su tiempo para crear el planeta tierra.

Génesis 1:9-12 El milagro de cómo todas las cosas se crearon.

Cuando los dinosaurios andaban, el suelo entero se agitó.
Y ellos dejaron unas huellas grandes con cada paso que dieron.

¡Este es El Milagro De Hoy!

Y luego, se hizo el milagro de las plantas, las estrellas, el sol y la luna. En unos pocos dias, se creará a la gente.

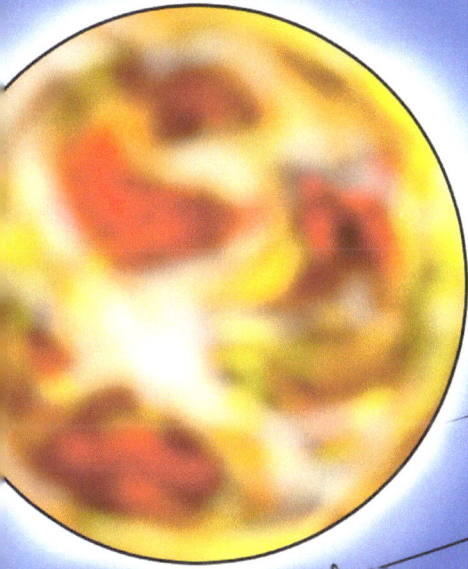

Génesis 1:14 -19 El milagro del sol, la luna y el sistema solar.

La tierra gira alrededor a una velocidad asombrosa.
La gravedad evita que nos caigamos y nos da lo que necesitamos.

¡Este es El Milagro De Hoy!

Luego, viene el milagro del agua, los animales, la comida y las plantas. ¡No nos podemos olvidar ni de las hormiguitas más pequeñas!

Génesis 1:20-25
El milagro de los animales, bichos e insectos que pueden andar, volar, nadar y arrastrarse.

Las mariposas nos dan una vista hermosa a nuestros ojos.
¡Estos son pequeños milagros, así que sorpréndete cuando vuelen cerca tuyo!

¡Este es El Milagro De Hoy!

Después de que Dios vió que su obra estaba bien,
él hizo al hombre porque así pudo.

Génesis 1:26-31 / Génesis 2:7
El milagro del primer hombre.

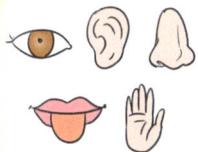

Podemos VER, SENTIR, OIR, OLER y PROBAR.
Podemos hacer esto por la gracia de Dios.

¡Este es El Milagro De Hoy!

6

Adan y Eva vivieron en el jardín.
Dios les dió lo que necesitaban y les ayudó a que empezaran.

Génesis 2:7-23
El milagro del hombre y de la mujer y el resto de la humanidad.

¿Cómo obtenemos un pollo de un huevo?
¡Pues añade plumas, un pico, dos pies y dos patas!

¡Este es El Milagro De Hoy!

Noé creó el arca, era larga y alta.
Él salvó a su familia y a los animales antes de que la lluvia cayera.

Génesis 5:31 y Génesis 10:1
El milagro del arca que salvó a las personas y a los animales.

Nuestro cerebro nos dá el poder de pensar, y de leer.
Usa tu cerebro, es todo lo que necesitas.

¡Este es El Milagro De Hoy!

Abraham y Sara tuvieron un niño cuando eran viejos.
Dios les bendijocon el milagro del nacimiento, y así fué contado.

Génesis 18:11-14
El milagro de cómo Dios bendijo a dos personas muy viejas con un niño.

Un bebé ha nacido, tan bonito y tan dulce,
y todos se vieron en paz cuando se quedaron dormidos.

¡Este es El Milagro De Hoy!

El hermano de José estaba enfadado con él y le tiró a un pozo. Podemos agradecerle a Dios porque eso no fué todo. El fué vendido como esclavo pero un milagrio ocurrió. Él fué bendecido con conocimiento y muchas personas fueron salvadas.

Génesis 41:56 y Génesis 42:2
El milagro de José que salva a su familia y a todas las personas.

Los milagros son regalos que se ponen en tu camino. Pueden ayudar a aquellos que necesitan ayuda y pueden aparecer en cualquier momento.

¡Este es El Milagro De Hoy!

Dios le dijo a Moisés que separara el mar rojo.
Dios hizo este milagro para liberar a su pueblo.

Éxodo 14:21
El milagro del mar abriendose de par en par para que el pueblo de Dios pueda salvarse.

Dios creó a este animal llamado jirafa.
¡Si lo miras por mucho tiempo, puede que hasta te haga reir!

¡Este es El Milagro De Hoy!

El pueblo de Dios estaba en el desierto sin ninguna comida que comer. Pan y pájaros cayeron del cielo- "FUÉ UN MILAGRO" muy sabroso.

Éxodo 16:4-17
El milagro de la comida que cayó del cielo para calmar el hambre del pueblo.

EL JABÓN fué inventado usando un cacahuete y muchas cosas más que son geniales yque te harán decir, "Imposible!"

¡Este es El Milagro De Hoy!

Dios escribió su palabra en piedra,
así su pueblo lo conocería
y llevaría su palabra.

Éxodo 20:2-17
El milagro de Dios escribiendo su palabra en piedra.

Cada hora del día, nos lleva hacia adelante en toda dirección.

¡Este es El Milagro De Hoy!

Dios le dió el poder del habla a un burro para que le dijera a un hombre lo que Dios dice y piensa.

Éxodo 22:21-35
El milagro del animal que le habló a un hombre… GUAU!

Hola

Tenemos pájaros que pueden hablar, reirse y cantar. ¿No sabías que Dios lo puede hacer todo?

¡Este es El Milagro De Hoy!

14

Fué un milagro cuando Dios le cubrió
los ojos a Moisés.
Había una hendidura en la roca donde
Moisés se pudo esconder.

Éxodo 33:22-23
El milagro de Dios, Moisés y la montaña.

Las televisiones son maquinas maravillosas.
Estas nos pueden enseñar cómo seguir nuestros sueños.

¡Este es El Milagro De Hoy!

El pueblo de Dios le lloró a Moisés, "¡NO HAY AGUA EN ESTA TIERRA!" Dios le dijo a Moisés que golpeara la roca, y Moisés golpeó la roca una vez más.

Números 20:22
El milagro de la gente sedienta. Moisés golpeó la roca y el agua apareció.

El agua se mueve en las cataratas del Niágara y nunca para.
Es fuerte y todopoderoso, y fluye hacia abajo desde arriba.

¡Este es El Milagro De Hoy!

Fué en la batalla de Jericó donde el ejército de Dios marchó.
Hicieron tanto ruido que las paredes empezaron a caerse.

Josué 6:6-20
El milagro del ruido que hizo las paredes temblar y caerse.

Los copos de nieve son muy bonitos cuando caen del cielo.
Incluso puedes hacer un hombre de nieve de tres bolas de alto.

¡Este es El Milagro De Hoy!

Dios queria que su pueblo oyera y obedeciera su voluntad, asi que les dió una señal e hizo que el sol se quedara quieto.

Josué 10:12-14
El milagro del sol que no se movió en un día entero.

¿Cómo crece el algodón? Nadie lo sabe.
El algodón hace muchas cosas, incluso hace nuestra ropa.

¡Este es El Milagro De Hoy!

18

Sansón era fuerte y sus hombros eran anchos.
Él era un hombre poderoso, pero los milagros vinieron de Dios.

Jueces 16:1-31
El milagro del hombre que era muy, muy fuerte.

Las pirámides antiguas son muy grandes, muy anchas y muy antiguas.
Aún existen hoy y muchas histoias se han contado.

¡Este es El Milagro De Hoy!

Dios escogió a Rut, en la biblia, para que llevara acabo su plan y fué através de su familia, que Dios dió a luz al Hijo del hombre.

Rut 2:1-23
El milagro de como nuestro Señor y Salvador vino siendo el hijo de Dios.

Dios hizo el cielo y quiere que sepamos
que éste es el lugar donde quiere que vayamos.

¡Este es El Milagro De Hoy!

David usó una roca para acabar con Goliath. ¡Luego, el ejército entero corrió pero nunca se les encontró!

1 Samuel 17:41-52
El milagro del chico joven que derrotó al gigante con una roca.

El papel que usamos está hecho con los árboles.
Coge un lápiz y un papel y dibuja algo que quieras, por favor.

¡Este es El Milagro De Hoy!

Dios escogió a la Reina Ester para que salvara a su pueblo porque el milagro de Dios la enseño que el Rey es quien era malo.

Ester 7:1-6
El milagro de cómo al rey se le dijo la verdad.

La ciencia es una de las maneras en las que descubrimos muchas cosas. Dios nos enseña cada día lo que la ciencia significa realmente.

¡Este es El Milagro De Hoy!

"¡Al horno de fuego!" dijo el rey furioso porque 3 chicos hebreos no se arrodillaron ante él.

Las llamas estaban calientes sin duda, y fué un milagro de Dios que sacó a los 3 chicos fuera del fuego.

Daniel 3:1-30
El milagro de los 3 chicos hebreos que se salvaron del fuego.

La luciérnaga tiene una luz que brilla en la parte de abajo.
Dios puso la luz ahí, así es que tienen el murmullo.

¡Este es El Milagro De Hoy!

23

Daniel, el sirviente de Dios, fué tirado al foso de los leones.
Fué un milagro de Dios que hizo que Daniel
se hiciera amigo con los leones.

Daniel 6:12-28
El milagro de el hombre que se sentó con los leones.

Dios le dió al hombre la idea de crear más luz. La bombilla es una razón
el porque una habitación puede ser tan luminosa.

¡Este es El Milagro De Hoy!

Dios escogió un pescado muy grande para que su plan no fallara.
Por eso, Jonás pudo pasar 3 días en la barriga de una ballena.

Jonás 1:1-17 El milagro de cómo Dios usó un pescado grande para
poner un hombre de vuelta a tierra firme.

Una ballena es grande, poderosa y fuerte.
Viven en el océano y viven por mucho tiempo.

¡Este es El Milagro De Hoy!

Hemos hablado de los milagros
en todas sus maneras.
Ahora, mira a tu
alrededor y verás...
¡El Milagro De Hoy!

¿Qué es un Milagro?

Un milagro es algo
que no podemos explicar
cómo ocurre.

Sólo podemos decir,
"¡GUAU, eso es un milagro!" cuando lo vemos.

Como cuando dos, tres o incluso cuatro niños que
nacen al mismo tiempo y se parecen **todos**
"¡GUAU, eso es un milagro!"

¡Hay animales en el aire, en el agua y en la tierra,
"¡GUAU, eso es un milagro!", también!

Es como el primer coche que se inventó, alguien
tuvo un sueño y luego se creó un diseño.

Un milagro es una sorpresa, un misterio, una maravilla o
una maravilla que viene de algo Divino. Este mundo es un
milagro, simplemente mira alrededor tuyo y verás…

¡El Milagro De Hoy!

¿Qué milagro has visto hoy?

LAS SERIES DE APODERAMIENTO DE LOS NIÑOS

Pida otros libros de Larry S. Glover:

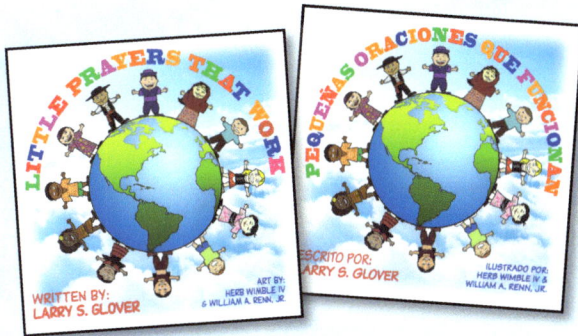

Pequeños Rezos Que Funcionan

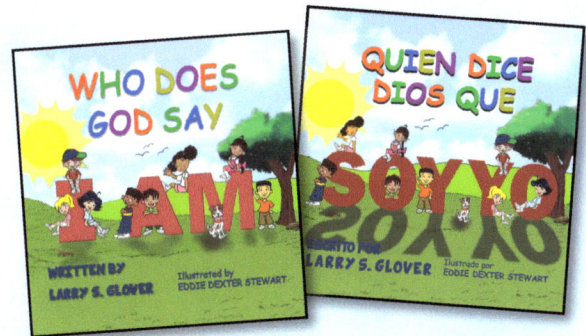

Quién Dice Dios Que Yo Soy

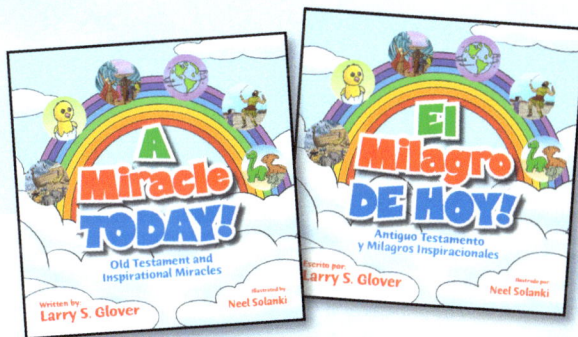

El Milagro De Hoy-Antiguo Testamento

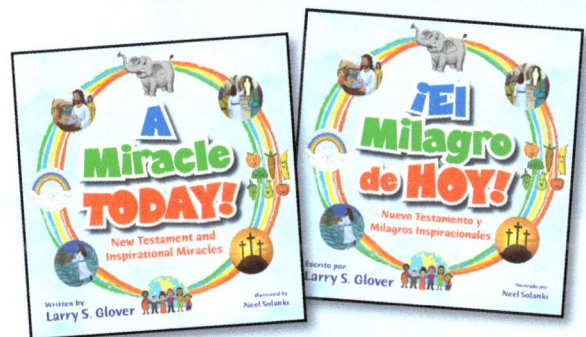

El Milagro De Hoy-Nuevo Testamento

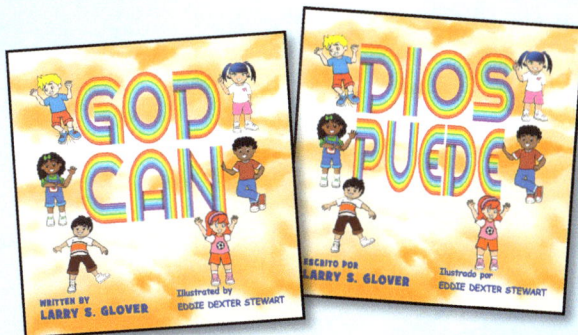

DIOS PUEDE

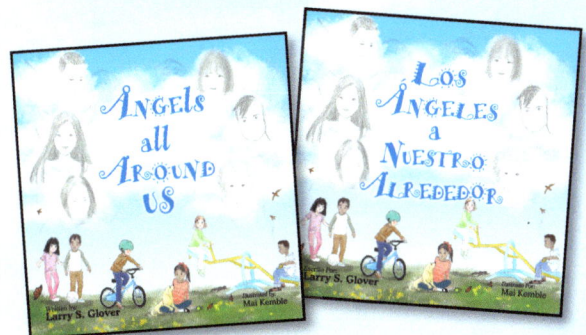

Los Ángeles A Nuestro Alrededor

Próximamente:
Un Lugar Donde Podamos Ir
Dios es Amor

CHILD LIKE FAITH
CHILDREN'S BOOKS

Disponible en
Inglés y en
Amazon.com

SERIES DE VALORES DE LOS NIÑOS

Pide otro libros escritos por Larry S. Glover:
Disponible en Inglés y Español.

Ser Bueno

Ser Amable

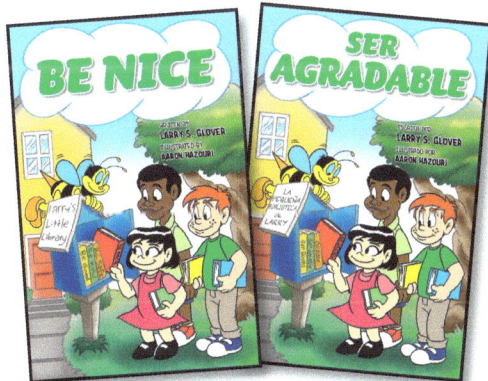

Ser Agradable

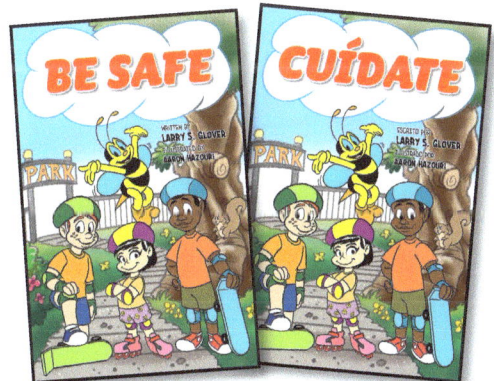

Cuídate

www.childlikefaithchildrensbooks.com

www.ingramcontent.com/pod-product-compliance
Lightning Source LLC
Chambersburg PA
CBHW042104040426
42448CB00002B/137